# CATALOGUE

## DES

# TABLEAUX ⊘ AQUARELLES

## DESSINS - GRAVURES

## LIVRES & AUTOGRAPHES

## PORCELAINES - OBJETS DE VITRINE

## MEUBLES

*Dépendant de la Succession de* M. **CAPÉ-MONTROSIER**

### DONT LA VENTE AUX ENCHÈRES PUBLIQUES

AURA LIEU

# HOTEL DROUOT — SALLE N° 4

## Les Vendredi 18 et Samedi 19 Juin 1909

### A 2 HEURES PRÉCISES

———

**Mᵉ E. BOUDIN**, Commissaire-Priseur

*14, Rue Grange-Batelière, 14*

| **MM. CHAINE & SIMONSON** | **M. MEYNIAL** |
|---|---|
| EXPERTS POUR LES TABLEAUX | LIBRAIRE |
| *19 — Rue Caumartin — 19* | *30 - Boulevard Haussmann - 30* |

———

### EXPOSITION PUBLIQUE

*Le Jeudi 17 Juin 1909, de 2 heures à 6 heures*

# CONDITIONS DE LA VENTE

Elle sera faite au comptant.

Les acquéreurs payeront *dix pour cent* en sus des enchères.

L'exposition mettant le public à même de se rendre compte de l'état et de la nature des objets, il ne sera admis aucune réclamation une fois l'adjudication prononcée.

# DÉSIGNATION

## TABLEAUX

1 — CLAUDE MAX. Cabine de bain, à la mer.

2 — COURANT (Maurice). Marine.

3 — CUNO. Griffon dans l'herbe.

4 — DEMONT (Adrien). Garçon endormi sur l'herbe.
Août 1883.

5 — DEMONT (Adrien), Paysage. Daté 1878.

6 — DESBORDES (L.). Pivoines dans un vase.

7 — FRÈRE (Th.). Campement arabe dans le désert.

8 — GUILLAUMET. Femme arabe (avec dédicace).

9 — GUILLEMET. Les Falaises de Villerville.

10 — JEANNIOT. La Seine à Billancourt (avec dédicace).

11 — KNYFF. Paysage. Soleil couchant.

12 — LAURENS (J. Paul). Figure académique.
Etude.

13 — LAURENS (J. Paul). Fauteuil sous un dais.
Etude.

14 — LAURENS (J. Paul). Au bord de la mer, soleil couchant.

15 — LAURENS (J. Paul). Un soldat du temps de Louis XIII.
>Etude.

16 — LAURENS (J. Paul). Etude.

17 — LAURENS (J. Paul). Personnages au manteau noir.
>Etude.

18 — MILLET (E.). Nature morte.
>Peinture sur porcelaine.

19 — MOREAU-NÉLATON (E.). Hutte sur la montagne.

20 — PINEL (G.). Pêcheuses de Villerville.

21 — ROBERT-FLEURY (Tony). Un Huguenot.
>Daté 1877.

22 — TOURNIER-CUNO (P.). Nature morte.

23 — YON (E.). Paysage.

24 — YON (E.). Un coin de Montmartre.

## AQUARELLES, DESSINS
### GRAVURES

25 — AMEN. Quatre dessins à la sanguine.

26 — BARILLOT (L.). Animaux dans la prairie.
>Dessin.

27 — BEAUVERIE. Bords de l'Oise.
>Dessin.

28 — BILLOY. Tête d'étude.

> Aquarelle.

29 — COLLART (M.). Entrée de village.

> Dessin à la plume.

3o — DUEZ. Plage.

> Pastel.

31 — FRÈRE (Th.). Deux dessins à la plume.

32 — GRANDSIRE. Vue d'un port.

> Dessin.

33 — GUILLOU (A.). Bords de la Cure (Yonne).

> Dessin.

34 — MILIUS. Dessin.

35 — MILLET (Eug.). Dans le jardin.

> Aquarelle.

36 — PILLE (H.). Hussard du Premier Empire.

> Dessin.

37 — RONAT (?) Sous bois.

> Aquarelle.

38 — VÉRON. Bords de rivière,

> Dessin à la plume.

39-40 — Gravures, eaux-fortes, lithographies, par Bracquemond, Laguillermie, Manceau, Yon, Monziès, Waltner, G. Flameng, etc.

> Ce lot sera divisé.

41 — Portrait de G. Sand d'après Couture, avec autographe de G. Sand.

42 — Deux estampes japonaises.

43 — Deux gravures en couleur.

44 — Plaque de cuivre gravé.

45 — Tableaux omis.

# LIVRES

46 — **Arioste**. Roland furieux. Poème héroïque. Traduit par A. J. Du Pays et illustré par Gustave Doré. *Paris, Hachette*, 1879, in-fol. cart. toile, fers spéciaux, non rogné.

47 — **Art** (L'). Revue hebdomadaire illustrée. *Paris*, 1875-1893. 55 vol. in-fol. nombreuses fig. et eaux-fortes dont 38 vol. cartonnés, le reste en livr.

> Collection de l'origine 1875 à 1893, fin de la série in-folio. Il manque les tables des tomes 29, 50 et 52.

48 — **Aubigné** (Agrippa d'). Œuvres complètes publiées par E. Reaume et F. de Caussade. *Paris, Lemerre*, 1873, 6 vol. in-8, br.

> Exemplaire sur papier de Hollande.

49 — **Balzac** (H. de). Œuvres complètes. *Paris, Houssiaux*, 1855-1858. 20 vol. in-8 portr. et fig. demi-rel. veau rouge, dos ornés, tr. jasp.

50 — **Banville** (Théodore de). Mes Souvenirs, *Paris*, 1882. — Alfred Busquet. Représailles, *Paris*, 1872. — Jules Claretie. Elisa Mercœur, *Paris*, 1864. — La Libre Parole. *Paris*, 1868. — La Vie à Paris. *Paris*, 1882. — Ens. 5 vol. in-12, br.

> Editions originales avec une lettre d'Alfred Busquet et deux lettres et quatre cartes de Jules Claretie.

51 — **Barbey** (d'Aurevilly J.). Le Roman contemporain. *Paris, Lemerre*, 1902. — Lettres de J. Barbey à Léon Bloy. *Paris*, 1902. — Charles Buet. J. Barbey d'Aurevilly. Impressions et souvenirs. *Paris*, 1891. — Léon Bloy. — Quatre ans de captivité à Cochons-sur-Marne. *Paris*, 1905. — Le Désespéré, *Paris*, 1886. — Ens. 5 vol. in-12 br.

Editions originales, sauf le Désespéré.

52 — **Beaumarchais.** Œuvres complètes. Edition augmentée de quatre pièces de théâtre et de documents divers inédits, avec introduction par ED. FOURNIER. *Paris, Laplace*, 1876. — Œuvres de Marivaux. Théâtre complet, nouvelle édition avec une préface de ED. FOURNIER. *Paris, Laplace*, 1878. — Œuvres complètes de Regnard avec une introduction de ED. FOURNIER. *Paris, Laplace*, 1875. — Théâtre complet de Voltaire avec une introduction par ED. FOURNIER. *Paris, Laplace*, 1874. — Ens. 4 vol. in-8, nomb. portraits, rel. demi chag., plats toile, tr. dor.

53 — **Bertall.** La Comédie de notre temps. *Paris, Plon*, 1874-1875, 2 vol. — La Vie hors chez soi. *Paris, Plon*, 1876. — Les Contes de ma mère, *Paris, Plon*, 1877. — Ens. 4 vol. in-8 br.

54 — **Bœttiger.** Sabine ou matinée d'une dame romaine à sa toilette. *Paris, Maradon*, 1813, front. — **De Beaumont.** L'épée et les femmes. *Paris, Jouaust*, 1881, 5 dessins de MEISSONNIER. — Ens. 2 vol. in-4 et in-8 br.

Envoi de M. de Beaumont.

55 — **Bouchet** (Guillaume). Les Serées de Guillaume Bouchet sieur de Brocourt, avec notice et index de ROYBET. *Paris, Lemerre*, 1873-1881, 6 vol. — De Rutebeuf. Œuvres complètes. *Paris, Daffis*, 1874,

3 vol. — La Farce de maître Pathelin. *Paris, Jouaust*, 1872. — Les Quatrains de Pibrac. *Paris, Lemerre*, 1884. — L'Eloge de la Folie, par Erasme, *Paris, Jouaust*, 1876. — La Danse macabre des SS. Innocents de Paris. *Paris, Willem*, 1874, 2 vol. — La Constitution en vaudeville, par Marchand. *Paris, Jouaust*, 1872. — Ens. 15 vol. in-12 br.

56 — **Bourget** (Paul). Essais et nouveaux essais de Psychologie contemporaine, 1888, 2 vol. — Un crime d'amour, 1886. — Mensonges, 1887. — André Cornélis, 1887. — Le Disciple, 1889. — Etudes et portraits, 1889, 2 vol. — Un cœur de femme, 1890. — Sensations d'Italie, 1891. — La Terre Promise, 1892. — Voyageuses, 1897. — Recommencements, 1897. — La Duchesse bleue, 1898. *Paris, Lemerre*, 14 vol. in-12 br.

Editions originales dont 8 vol. avec envoi ; on y a joint une lettre autographe et six cartes, de P. Bourget.

57 — **Bourget** (Paul). Un Cœur de femme. *Paris, Lemerre*, 1890, in-12 br.

Edition originale. Un des 25 exemplaires sur papier de Chine. Envoi de P. Bourget.

58 — **Bourget** (Paul). Cosmopolis illustré d'aquarelles, par Duez, Jeanniot et Myrbach. *Paris, Lemerre*, 1894, in-8 br.

Edition originale. Envoi et lettre autographe de Bourget.

59 — **Bourget** (Paul). Cosmopolis. *Paris, Lemerre*, 1894, in-12 br.

Exemplaires sur papier de Hollande. Envoi de Paul Bourget.

60 — **Bourget** (Paul). Outre-Mer (notes sur l'Amérique).
*Paris, Lemerre.* 1895, 2 vol. in 12, cart. demi toile,
dos et coins non rogn.

> Ce précieux exemplaire contient le manuscrit auto-
> graphe de P. Bourget, d'un article publié dans le *Cos-*
> *mopolitan* sur l'exposition de Chicago, et offert en sou-
> venir à M. Capé Montrosier. Il contient en outre les
> épreuves corrigées par l'auteur pour les 59 premières
> pages.
>
> Exemplaire unique tiré spécialement au format du
> manuscrit (o m. 23 sur o m. 19), de Paul Bourget, pour
> M. Eugène Montrosier.

61 — **Bourget** (Paul). Une Idylle tragique. *Paris, Lemerre,*
1896. — Drames de famille, *Paris, Plon,* s. d. — Ens.
2 vol. in-12 br.

> Editions originales. Exemplaire sur papier de Hollande
> avec envoi et lettre de P. Bourget.

62 — **Bourget** (Paul). La Duchesse bleue. *Paris, Lemerre,*
1898, in-12 br.

> Edition originale.
>
> Un des 50 exemplaires sur papier de Hollande. Envoi
> de P. Bourget.

63 — **Chaperon** (Philippe). Mademoiselle Vermont, 1885.
— Argine Lamiral, 1886. — Bon Repos, 1887. — Jus-
tice humaine, 1889. — Daniel Servan, 1890. — La
Possédée, 1893. — Une Rédemption, 1894. — Fille de
légende, 1897. — La Marque, 1900. — Le Marchand
d'espoir, 1904. — Jules Breton. Les Champs et la Mer,
1875. — La Vie d'un artiste, 1890. — Un Peintre
paysan, 1896. — Savarette, 1898. *Paris, Lemerre,*
14 vol. in-12 br.

> Editions originales sauf la vie d'une artiste. Une lettre
> et deux cartes de Jules Breton.

64 — **Chefs d'œuvres d'art** à l'Exposition universelle 1878, sous la direction de E. BERGERAT. *Paris, Baschet,* 1878, 2 vol. in-4, 40 planches hors texte et nombr. fig. demi rel. chag. rouge, dos et coins tête dorée ébarbée.

65 — **Chefs d'œuvre d'art** au Luxembourg publiés sous la direction de M. E. MONTROSIER, avec le concours littéraire de ALLARD, BANVILLE, CLARETIE, COPPÉE, DAUDET, GAUTIER, HUYSMANS, etc., etc. *Paris, Baschet,* 1881, in-fol. fig. demi-rel. mar. grenat dos et coins, tête dor.

Exemplaire sur papier de Chine avec les planches hors texte avant la lettre sur papier du Japon.

66 — **Cladel** (Léon). Les Va-nu-pieds. *Paris, Lib. de l'Eauforte,* 1877, in-4, fig. de Reganey. — Les va-nu-pieds. *Paris, Lemerre,* in-12. — La vie de Léon Cladel par JUDITH CLADEL. *Paris, Lemerre,* 1905, in-8° port. — Ens. 3 vol. Br.

Envois des auteurs et lettre de Judith Cladel.

67 — **Collection** précieuse de 47 tableaux de maîtres anciens. Notice par M. RAYMOND BALZE. Lithog. par MM. FALCOZ, SORRIEU, M. J. HOUSSAY et ANNIE BALZE. *Paris, Jouaust,* 1873, in-fol. en feuille. — Boetzel. Le Salon, 1869-1875. *Paris, Roger-Ballu.* Les Dessins du siècle. *Paris, Baschet, s. d.,* in-4° cart. toile. Ens. 3 vol.

68 — **Coppée** (François). Poëmes modernes, 1869. — La Guerre de Cent ans, 1878 — Les Récits et les Elégies, 1878. — Les Jacobites, 1885. — Arrière-saison, 1887. — Henriette, 1889. — Les Paroles sincères, 1891. — Les Vrais riches, 1892. — Longues et Brèves, 1893. *Paris, Lemerre,* 9 vol. in-12 br.

Éditions originales, envois, trois lettres et six cartes de l'auteur.

69 — **Daudet** (Alphonse). Contes du Lundi. *Paris, Lemerre*, 1873, in-12, demi-rel. dos et coins chagrin marron, tête jap. non rog.

Édition originale avec envoi.

70 — **Daudet** (Alphonse). Les Femmes d'artistes, front. par Gill, 1874. — Jack, 2 vol., 1876. — Les Rois en exil, 1879. — L'Immortel, 1888. — La Petite Paroisse, 1895. — Soutien de Famille, 1898. — Notes sur la vie, 1899. 8 vol. in-12 br.

Éditions originales. La Petite Paroisse sur papier de Hollande. Un volume avec envoi.

71 — **Daudet** (Léon). Les Kamtchatka, 1894. — Le Voyage de Shakespeare, 1896. — Alphonse Daudet, 1898. — Le Partage de l'enfant, 1905. — Le Pays des Parlementaires, s. d. *Paris*, 5 vol. in-12 br.

Éditions originales.

72 — **Dierx** (Léon). Les Paroles du vaincu, 1871. — Poésies, 1872. — Poésies complètes, 1889. — Auguste Dorchain. Vers la lumière, 1894. — Rose d'automne, 1895. — Jean Dolent. Le Roman de la chair, 1866. — Avant le Déluge, 1871, front. de Millet. — Petit manuel d'art à l'usage des ignorants, 1874, front. de Millet. — Des Femmes, 1877, front. de Ribot. — Amoureux d'art, 1888, eau-forte par Carrière, portrait par Bracquemond. — L'Insoumis, s. d., front. de Millet. Ens. 11 vol.

Edit orig. 2 envois, 2 lettres et 1 pièce de vers Les Destins, de Dierx; 2 envois et 2 lettres d'Auguste Dorchain; 3 envois de Dolent. Au Roman de la chair, manque le recto de la couverture.

73 — **Dumas** fils (Alexandre). Théâtre complet. *Paris, Lévy*, 1868. 6 vol. in-12 br.

4 premiers vol. en éditions originales, 3 lettres et 4 cartes de l'auteur.

**74** — **Esparbès** (Georges D'). La Légende de l'Aigle. *Paris, Dentu*, 1893, in-12 br.

Envoi et deux lettres de G. d'Esparbès.

**75** — **Fontane** (Marius). Histoire Universelle. *Paris, Lemerre*, 1881, 9 vol. in-8, 24 cartes, br.

Envoi. Tomes 1 et 2 et 4 à 10.

**76** — **Frapié** (Léon). La Maternelle. Paris, s. d. — La Proscrite, Paris, s d. — Henry Céard. Terrain à vendre au bord de la mer. *Paris*, 1906. — Ens. 3 vol. in-12 br.

Editions originales avec six lettres de Céard.

**77** — **Galerie** contemporaine littéraire artistique de l'origine 1876 à 1880. 9 vol. Nouvelle série. Peintres et sculpteurs. 1881 et 1882. — *Paris, Baschet*, 1877-1882. 11 vol. in-4, environ 250 photographies, demi-rel. chag. roug. dos et coins, têtes dor. non rogn.

**78** — **Gautier** (Théophile). Ménagerie intime. *Paris*, 1869. — Théâtre. *Paris*, 1872. — Tableaux à la plume. *Paris*, 1880. — Souvenirs de Théâtre d'art et de critique. *Paris*, 1883. — Le Tombeau de Théophile Gautier. *Paris*, 1873. — **Bergerat**. Théophile Gautier. Entretiens souvenirs et correspondance, front. de Bracquemond. — Les poésies de Catulle Mendès. Paris, 1876. — Ens. 7 vol. 2 in-8 et 5 in-12 br.

Editions originales sauf les poésies de Catulle Mendès. Envoi et carte de Catulle Mendès.

**79** — **Goncourt** (E. et J.). Charles Demailly. Paris, 1868. L'amour au xviiie siècle. Paris, 1875. — Sophie Arnould d'après sa correspondance. *Paris*, 1877. — La femme au xviiie siècle. *Paris*, 1877. — Théâtre. *Paris*, 1879. — Histoire de la Société Française pendant la

Révolution. *Paris*, 1880. — Hist. de la Société Française sous le Directoire. *Paris*, 1880. — L'art au xviii^e siècle. *Paris*, 1881. — La Faustin. *Paris*, 1882. — L'Italie d'hier. *Paris*, 1894. — Ens. 10 vol., 9 in-12 et 1 in-8 br.

> 3 vol. portant un envoi et on y a joint une lettre et deux cartes de l'auteur.

80 — **Goncourt.** Journal des Goncourt. 1851-1891. *Paris*, *Charpentier*, 1887-1895, 8 vol. — Quelques créatures de ce temps. *Paris*, 1876. — Pages retrouvées. *Paris*, 1886. — Préfaces et manifestes littéraires. *Paris*, 1888. — Ens. 11 vol. in-12 br.

> Le Journal porte un envoi, on y a joint une intéressante lettre de l'auteur.

81 — **Goncourt.** Eaux-fortes de Jules de Goncourt. Notice et catalogue de Philippe Burty. *Paris*, 1876. — Vernier. Douze lithographies d'après Corot. Notice de P. Burty. *Paris*, 1870. — Gavarni. Les Douze mois. *Paris*, *Aug. Marc*, 1870. — Ens. 3 vol. in-fol. en feuilles en carton.

82 — **Guerne** (Vicomte de). Les Siècles morts. *Paris*, 1890, 3 vol. — Le Bois sacré. *Paris*, 1898. — Les Flutes alternées. 1900. *Paris*, *Lemerre*, 5 vol. in-8 br.

> Envois d'auteur, et 6 lettres du Vicomte de Guerne.

83 — **Hugo** (Victor). Les Chansons des Rues et des Bois. *Paris*, *Lacroix*, 1866. — Les Travaileurs de la mer. *Paris*, *Lacroix*, 1866, 3 vol. — Paris (Introduction au livre. Paris-Guide). *Paris*, *Lacroix*, 1867. — Ens. 5 vol. in-8, br. couv.

> Editions originales. Paris, porte un envoi de Victor Hugo.

84 — **Hugo** (Victor). L'Homme qui rit. *Paris, Lacroix,*
1869, 4 vol. — L'année terrible. Paris, Levy, 1872. —
Le Pape. *Paris, Levy,* 1878. — Religions et religion.
Paris, Levy, 1880. — Ens. 7 vol. in-8, br. couv.

> Editions originales. Chaque ouvrage porte un envoi de
> Victor Hugo.

85 — **Hugo** (Victor). La Légende des Siècles. Nouvelle
série. *Paris, Levy,* 1877, 2 vol. — Les Contemplations
Deuxième édition. *Paris, Levy,* 1856, 2 vol. — 4 vol.
in-8 demi-rel. chag.

> Edition originale de la Légende des Siècles avec envoi
> de Victor Hugo.

86 — **Hugo** (Victor). Actes et Paroles, 1841-1876. *Paris,*
*Levy.* 1875-1876, 3 vol. — L'Art d'être Grand Père.
*Paris, Levy,* 1877. — Les Quatre vents de l'Esprit.
*Paris, Hetzel,* 1881, 2 vol. — La Légende des Siècles.
Tome cinquième et dernier. *Paris, Lévy,* 1883. —
Ens. 7 vol. in-8 br. couv.

> Editions originales. Chaque ouvrage porte un envoi
> de Victor Hugo.

87 — **Hugo** (Victor). Torquemada. Drame. *Paris, Hetzel,*
1882. — La fin de Satan. *Paris, Hetzel,* 1886. —Toute
la Lyre. *Paris, Hetzel,* 1888-1893, 3 vol, — Amy Rob-
sart. Les Jumeaux. *Paris, Hetzel,* 1889. — En voyage
*Paris, Hetzel,* 1890-1892, 2 vol. Ens. 8 vol. in-8, br.
couv.

> Editions originales. Torquemada porte un envoi de
> Victor Hugo.

88 — **Hugo** (Victor). Choses vues. *Paris, Hetzel,* 1837-
1900, 2 vol. — Correspondance, 1815-1882. *Paris,*
*Levy,* 1896-1898, 2 vol. — Victor Hugo raconté par
un témoin de sa vie. *Paris, Lacroix,* 1863, 2 vol. —
Ens. 6 vol. in-8 br. couv.

> Editions originales.

89 — **Hurtado de Mendoza**. Vie de Lazarille de Tormes. Traduction et nouvelle préface de MOREL-FATIO ; ilust. MAURICE LELOIR. *Paris, Launette*, 1886, in-8, front. et fig. br. — Bernardin de Saint-Pierre, Paul et Virginie, dessins d'EMILE LEVY. *Paris, Jouaust*, 1876, in-12. — Henriot. Napoléon aux Enfers. *Paris, Conquet*, 1895, in-12, fig. br. Ens. 3 vol.

90 — JAL. L'artiste et le philosophe. Entretiens critiques sur le salon de 1824. Paris, Ponthieu, in-8, 1824. — Diderot. Arts du dessin et salon. Paris, Garnier, 1876, 2 vol. — Etudes critiques sur l'Administration des Des Beaux-Arts en France de 1860-1870, par Emile GALICHON. *Paris. Gazette des Beaux-Arts,* 1871. — L'Enseignement du dessin aux Etats-Unis, par REGAMEY. Paris, Delagrave, 1881. — Dreyfous (Maurice). Les Arts et les artistes pendant la période révolutionnaire (1789-1795). *Paris, Paclot,* s. d. — Ens. 6 vol. in-8 br.

Envois de Regamey et de Dreyfous.

91 — **Janin** (Jules). Œuvres diverses publ. sous la direc-rection de M. de La Fizelière, 1^re et 2^e séries, 17 vol. — Horace. Œuvres trad. J. JANIN, 2 vol.— Debureau. Histoire du Théâtre à [quatre sous. *Paris, Jouaust,* 1876-1883. Ens. 20 vol. in-12, 12 eaux-fortes de Hedouin, br.

92 — **Lalauze** (A). Le Petit Monde, 10 eaux-fortes. *Paris, Cadart.* — Menzel. La Cruche cassée, comédie de H. de KLEIST.*Paris, Didot,* 1884. — Regamey. Les Filles Saintes-Marie. Ronde. — Musée de la Jeunesse, dess. d'Adrien MARIE et Henri PILLE. *Paris, Baschet.* — Stop. Bêtes et Gens. *Paris, Plon,* 1877. — Livre d'une Mère, par Pauline L. *Paris, Levy,* 1875. Ens. 6 vol. in-fol., in-4 et in-8.

93 — **Lesueur** (Daniel). Invincible Charme. *Paris*, 1897.
— Lèvres closes. Paris, 1898. Ens. 2 vol. in-12 br.

> Editions originales. Lèvres closes sur grand papier.
> Envoi de l'auteur.

94 — **Martin** (Henri). Histoire de France depuis les temps les plus reculés jusqu'en 1789. *Paris, Furne*, 1855, 17 vol. in-8 port. broché.

95 — **Maurice** (Charles). Histoire Anecdotique du théâtre. *Paris*, 1856, 2 vol. — **Magnin** (Charles). Les origines du Théâtre Antique et du Théâtre moderne. *Paris*, 1868. — **Royer** (Alphonse). Histoire Universelle du Théâtre. *Paris*, 1869, 4 vol. — Histoire de l'Opéra. *Paris*, 1875. Ens. 8 vol. in-8 br.

96 — **Molière**. Œuvres avec notes et variantes, par Alph. PAULY. *Paris, Lemerre*, s. d. 8 vol. port. — Poésies diverses attribuées à Molière, recueillies et publiées par P.-L. JACOB. *Paris, Lemerre*, 1869. Ens. 9 vol. in-12 broch.

97 — Molière. Réimpression des éditions originales des pièces de Molière. *Paris, Libr. des Bibliophiles*, 1873-1874, 11 vol. in-12 front. br.

> Dépit amoureux. L'Escole des Maris. Les Fascheux.
> L'Escole des femmes. La Critique de l'Escole des femmes.
> Mariage forcé. Le Misanthrophe. Le Médecin malgré lui.
> Le Sicilien. Tartuffe. Les Bourgeois gentilhomme. Exem-
> plaire sur papier vergé.

98 — **Monnier** (Henri). Scènes populaires dessinées à la plume. *Paris, Dentu*, 1879, 2 vol. in-8, 100 fig. Ens. 3 vol. — Champfleury. Henry Monnier. Sa vie, son œuvre. Paris, Dentu, 1879, in-8, 100 fig. Ens. 3 vol. broch.

99 **Moreau-Nélaton** (E). Camille Moreau. Peintre céramiste, 1840-1897. *Paris, Floury,* 1899, 2 vol. in-4, port. et nombr. planches, br. étui.

> On y à joint 5 lettres et 2 cartes de M. Etienne-Moreau-Nélaton.

100 — **Moreau-Nélaton** (Et.). Histoire de Corot et de ses œuvres d'après les documents recueillis par Alfred Robaut. *Paris, Floury,* 1905, fig. — Manet, graveur et lithographe. *Paris, Delteil,* 1906, fig. — Ens. 2 vol. in-4 fig. br.

> Envois de M. Moreau-Nélaton.

101 — **Muntz.** Les Précurseurs de la Renaissance. *Paris, Rouam,* 1882, in-4, fig. cart. toile fers spéciaux tête dor. non rog.

102 — **Nouvelle Bibliothèque classique Jouaust.** *Paris, Libr. des Bibliophiles,* 1876-1879. 21 vol. in-12, br.

> Boileau 2 vol. Corneille 5 vol. Courier 3 vol. Diderot 4 vol. (sur 5). Grammont. Mémoires. Malherbe. Montesquieu. Grandeur et Décadences des Romains. Regnard, 2 vol. Regnier. Satire Menippée.

103 — **Parnasse** (Le) contemporain. *Paris, Lemerre,* 1876, Blémont, le Jardin enchanté. *Paris, Charavay,* 1882. dessins de Guérard. — Joseph Roux. Pensées. *Paris, Lemerre,* 1885, in-8. — Philippe Gille. L'Herbier. *Paris, Lemerre,* 1887. — Ens. 4 vol. in-8° br.

> Envois de MM. Em. Blémont et Philippe Gilles.

104 — **Petits Chefs-d'Œuvre** (Les). *Paris, Librairie des Bibliophiles,* 1872, 15 vol. in-12, br.

> Diderot, Neveu de Rameau. Gentil Bernard, L'Art d'aimer. Gresset, Ver-Vert, Le Méchant. Hamilton. Contes 4 vol. La Boétie. La Servitude. Lesage Turcaret. De Maistre. Voyage autour de ma chambre. Montesquieu. Temple de Gnide. Lettres Portugaises. Saint-Pierre. La Chaumière indienne. Voyage de Chapelle et Bachaumont.

**105** — **Prévost** (Marcel). Mademoiselle Jaufre. *Paris,*
1889. — Cousine Laura. *Paris,* 1890. — Lettres de
femmes *Paris,* 1892. — L'Automne d'une femme.
*Paris,* 1893. — Les Demi-Vierges. *Paris,* 1894. —
Monsieur et Madame Moloch, *Paris,* 1906. — Ens.
6 vol. in-12 br.

> Editions originales.
> 4 vol. avec envoi et deux cartes de l'auteur.

**106** — **Racine** (Jean). Œuvre, texte original avec variantes
notice par Anatole FRANCE. *Paris, Lemerre,* 5 vol.
in-12, front. de RAJON, br.

> Exemplaire sur papier vergé.

**107** — **Saint-Pierre** (Bernardin de). Paul et Virginie.
*Paris, Lemerre,* 1868. in-4, port. et dessins par de LA
CHARLERIE, cart. de l'éditeur.

**108** — **Salons** de l'origine 1880 à 1889 par MM. Ph. BURTY,
Armand DAYOT, H. HAVARD, G. OLMER et SAINT-JUIRS
G. OLLENDORFF, Eug. MONTROSIER, P. MANTZ. *Paris,*
*Baschet,* 1888-1889, 10 vol. in-4, nomb. figures cart.
toile (cart. de l'éditeur) et 2 br.

**109** — **Sand** (Georges). Œuvres illustrées de George Sand.
Préfaces, notices nouvelles par l'Auteur. Dessins de
Tony JOHANNOT. *Paris, Blanchard, Marescq,* 1852,
8 tomes en 4 vol. gr. in-8, fig. demi-rel. chag. violet,
dos ornés, non rogn.

> Premier tirage.

**110** — **Théâtre** Français avant la Renaissance, 1450-1550.
Mystères, Moralités et farces avec une introduction par
M. ED. FOURNIER. *Paris, Laplace, s. d.* — Le Théâtre
français au XVIᵉ et au XVIIᵉ siècle ou choix des Comédies
les plus curieuses antérieures à Molière, introduction
de ED. FOURNIER. *Paris, Laplace, s. d.* — Chefs-
d'œuvres dramatiques du XVIIIᵉ siècle ou choix des

pièces les plus remarquables : Regnard, Lesage, Destouches, Beaumarchais, Marivaux. *Paris, Laplace.* 3 vol. in-8° rel. demi-chag., plats toile.

411 — **Vachon** (Marius). Rapports sur les musées et les écoles d'art industriel. *Paris*, 1885-1890. 2 vol. — Les Industries d'art. *Nancy*, 1897. -- Les Manufactures nationales. Les Gobelins, la Savonnerie, Sèvres, Beauvais. *Paris, Decaux*. 1889. — Les Industries d'art de Bordeaux. *Bordeaux*, 1895. — Pour la défense de nos industries d'art. *Paris, Lahure*, 1899. Ens. 6 vol., 3 in-4°, un vol. in-8°, 2 vol. in-12 et 4 brochures.

Envois et une lettre de MARIUS VACHON.

412 — **Vachon** (Marius). Jules Breton. *Paris, Lahure*, 1899, in-4° fig. rel., dos et coins maroq. bleu, tête dor., non rog.

413 — **Vachon** (Marius). W. Bouguereau. *Paris, Lahure*, 1900, in-4° fig. broc.

Envoi d'auteur.

414 — **Vacquerie** (Auguste). Les Funérailles de l'honneur. *Paris*, 1861. — Les Fils. *Paris*, 1866. — Mes premières années de Paris. *Paris*, 1877. — Formosa. *Paris*, 1883. — Futura. *Paris*, 1890.— Depuis. *Paris*, 1894. — Paul Meurice. François les Bas-Bleus. *Paris*, 1863. — Théâtre. *Paris*, 1864. — Des Deux Diane. *Paris*, 1855. — La Vie nouvelle. *Paris*, 1857. — Cesara. *Paris*, 1869. Ens. 11 vol., 5 in-8°, 6 in-12 br.

Editions originales avec envois d'auteurs, importantes lettres de VACQUERIE et 2 lettres et 2 cartes de PAUL MEURICE.

415 — **Vie élégante** (La). 1882-1883. *Paris, libr. illust.*, 1882-1883. 2 vol. gr. in-8°, titres de ROPS et nomb. fig. carton. dos et coins toile.

116 — **Wallon**. Saint Louis. *Tours, Mame*, 1878, fig. — Joinville. Histoire de Saint Louis. Texte accompagné d'une trad. par NATALIS DE WAILLY. *Paris, Didot,* 1874, fig. — Vetault. Charlemagne. *Tours, Mame,* 1877, fig. — La Chanson de Roland. Texte critique, trad. et commentaires par LÉON GAUTIER. *Tours, Mame,* 1875. fig. Ens. 4 vol. gr. in-8 br.

117 — **Zola** (Emile). Ed. Manet. *Paris, Dentu,* 1867. — La République et la littérature. *Paris, Charpentier,* 1879. 2 vol. in-8° broc.

> Envois, 3 lettres et 8 cartes d'EMILE ZOLA. 2 lettres et 3 cartes de Mme EMILE ZOLA.

118-119 — **Catalogues de ventes, illustrés.**

I. Tableaux : Collection Armand Doria, 2 vol. Sedelmeyer, 4 vol. Ens. 6 vol.

II. Collection de M. D. de G..., 2 vol. — Donatio. — Hulot. — Thiebault-Sisson. — Coquelin. Ens. 7 vol.

III. Collection Feral. — Moreau-Nélaton. — May. — Cernuschy. — Hubert Debrousse. — Jaluzot. — Taleyrand. — Duez. — Emile Van Marcke. — Baudry. Ens. 10 vol.

IV. Objets d'art: Boy. — Desmottes. — Sichel. Antocolsky. — Grignon de Montigny. — Rey. — Talleyrand. — Guilhou. — Lelong. — Gaillard. — Stein. — Hochon.

V. Catalogues d'objets d'art d'Extrême-Orient : Hayashi, 2 vol. — Barbouteau. — Gillot. — Bing. — Burty, 2 vol. — Hart. — Kotschoubey. — Hakhy-Bey. VI. Mülbacher.

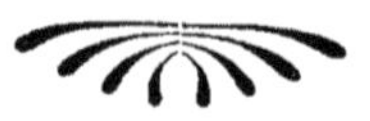

# AUTOGRAPHES

120 — Littérateurs. Madame Adam. Ary Renan, 3 lettres. Bergerat, Crafty, 2 L. Madame Alphonse Daudet, 4 L. Hennique 2 cartes. Abel Hermant, Lettr. Paul Hervieu 1 lettre, 5 cartes. Ernest d'Hervilly, 2 lettres. Henry Houssaye, 4 cartes. Eugène Manuel, 2 L. Meilhac, carte. Nolhac, carte. Noel Parfait, c. Francis de Saint-Vidal, 7 L. Tancrède Martel. Louis Ulbach. Ens. 4 pièces.

121 — Littérateurs. Barrès, Lettre. Henry de Bornier, 4 lettres et carte. Alexandre Dumas fils. Anatole France. Lettre et 2 cartes. José Maria de Heredia. Huysmans, 2 lettres, 1 carte. Frédéric Masson, 2 lettres. Victorien Sardou, 2 cartes. Sully Prudhomme, 2 cartes. André Theuriet, carte. Ens. 21 pièces.

122 — Peintres. Paul Baudry, 4 p. L. Bonnet, 4 p. Besnard. G. Boulanger, 6 p. Carolus Duran, 4 p. Edouard Detaille, 14 p. Henner, 4 p. Ens. 36 pièces.

123 — Peintres. Laurens, 14 p. Jules Lefèvre, 17 p. Gustave Moreau, 12 p. Alph. de Neuville, 2 p. G. Rochegrosse. A. Rodin, 3 p. Roybet, 2 p. T. Robert-Fleury, 9 p. Ens. 60 pièces.

124 — **Peintres.** Graveurs Artistes dramatiques. Edouard de Beaumont, Benjamin Constant, Demont Breton, Darvant, Dubufe, Escalier, Léopold Flameng, Frédérique Humbert, Eug. Lami, Maurice Leloir, Protais, Régamey, Baronne Nathaniel de Rothschild, **Alfred Stevens**, Emile Lévy, Tattegrain, Vibert, Ed. Yon. — Léo Delibes, Georges Baillet, Mounet Sully, Sarah Bernhardt, Truffier. Environ 50 pièces.

125 — Puvis de Chavannes, 25 lettres et huit cartes.

126 — Sculpteurs. Chapu, Dalou, 5 lettres. Fremiet, 6 lettres, 3 cartes. Saint-Marceaux. Ens. 16 pièces.


# BRONZES, TERRES CUITES

## PORCELAINES, OBJETS DE VITRINE


127 — Deux statuettes porcelaine : le Marchand de coco et la Marchande de plaisirs.

128 — Bouddha en porcelaine.

129 — Trois bonbonnières en porcelaine à décors champêtres.

130 — Théière avec tasses et soucoupes en porcelaine.

131 — Boîte ovale en porcelaine à décors de personnages.

132 — Pot à couvercle en porcelaine de Canton.

133 — Groupe de deux personnages en porcelaine.

134 — Vase en porcelaine de Satzuma.

135 — Deux très petites jardinières et deux petites chaises en argent.

136 — Boîte en cloisonné et masque japonais en bronze.

137 — Deux groupes en ivoire sculpté du Japon.

138 — Lot d'assiettes décoratives en porcelaine et faïence.
(Ce lot sera divisé).

139 — Statuette de Napoléon sur le rocher de Sainte-
Hélène, bronze.

140 — Vase en bronze du Japon.

141 — Deux flambeaux bronze argenté de style Louis XVI.

142 — Deux grands vases en porcelaine de Chine à décors
de personnages.

143 — Lustre hollandais en cuivre poli.

144 — Pendule de style Empire en bronze doré : Jeune
femme accoudée.

145 — Deux bouts de table en bronze argenté.

146 — Buste de Victor Hugo, par Rodin (plâtre) avec
dédicace.

147 — Buste de femme (terre cuite) par de Saint-Vidal.

148 — Buste de Manon (plâtre) par de Saint-Vidal.

149 — Meuble de chambre à coucher en palissandre ciré.

150 — Meuble de salon.

151 — Bibliothèque en chêne sculpté.

152 — Vitrine en bois satiné et bronzes.

153 — Meubles de salle à manger.

154 — Meubles divers.

155 — Vaisselle, verrerie.

156 — Linge et débarras.

157 — Objets omis.

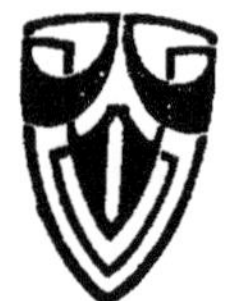